한글을 창제하신 세종대왕께 감사드리며

*For King Sejong the Great
who created Hangeul in 1443*

차례 Contents

한글의 자음과 모음	한글의 구조	1
ㄱ 받침 이야기	꼬마의 하루	2
ㄱㄴ 받침 이야기	친구와 파티해요	4
ㄱㄴㄷ 받침 이야기	돋보기	6
ㄱㄴㄷㄹ 받침 이야기	비 오는 날	8
ㄱㄴㄷㄹㅁ 받침 이야기	하늘다람쥐의 사계절	10
ㄱㄴㄷㄹㅁㅂ 받침 이야기	어디에 사나요?	12
ㄱㄴㄷㄹㅁㅂㅅ 받침 이야기	깨끗이 깨끗이	14
ㄱㄴㄷㄹㅁㅂㅅㅇ 받침 이야기	내 동생	16
ㄱㄴㄷㄹㅁㅂㅅㅇㅈ 받침 이야기	낮에 자는 동물들	18
ㄱㄴㄷㄹㅁㅂㅅㅇㅈㅊ 받침 이야기	꽃들의 인사	20
ㄱㄴㄷㄹㅁㅂㅅㅇㅈㅊㅋ 받침 이야기	허수아비	22
ㄱㄴㄷㄹㅁㅂㅅㅇㅈㅊㅋㅌ 받침 이야기	무궁화꽃이 피었습니다	24
ㄱㄴㄷㄹㅁㅂㅅㅇㅈㅊㅋㅌㅍ 받침 이야기	데이트	26
ㄱㄴㄷㄹㅁㅂㅅㅇㅈㅊㅋㅌㅍㅎ 받침 이야기	낙엽들의 이야기	28
겹받침 이야기	앉아서 무엇을 하나요?	30
부록	와! 한글을 써요 1	32
	와! 한글을 써요 2	33
	와! 한글을 써요 3	34
	와! 받침이 하나씩 늘어나네 카드	35

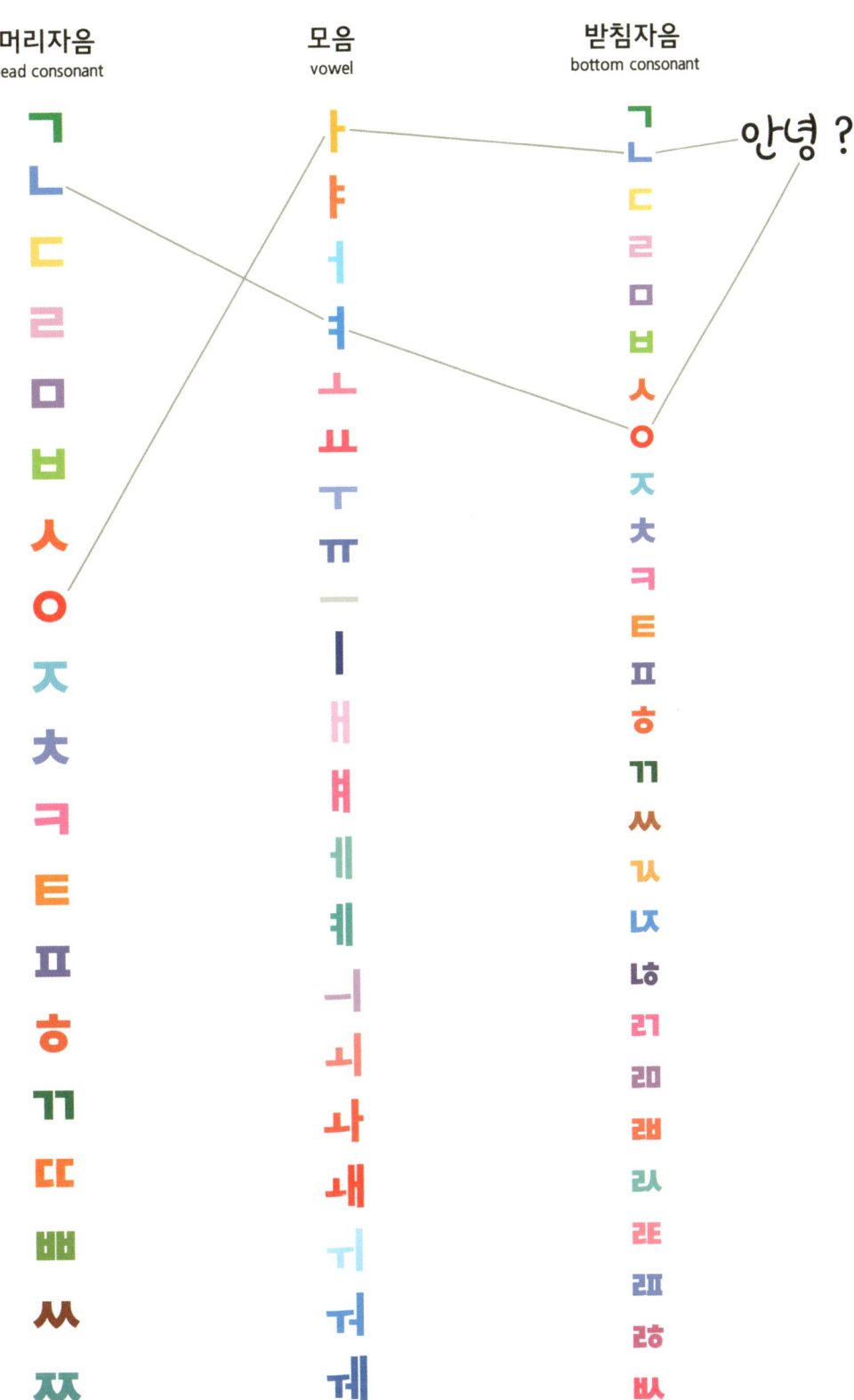

꼬마의 하루

사각사각
사과 먹고

스윽스윽
그리고

타다닥
이리저리
뛰어다니고

쓱싹쓱싹
세수하고

치카치카
이 닦고

쌕쌕
푹 자며
꼬마의 하루가
바쁘게 가요.

친구와 파티해요

"누구세요?"

똑똑!
무슨 소리지?
아하, 내 친구 너구리가
두드리는 소리.

"나야!"   "어서 와!"

툭툭!
무슨 소리지?
아하, 내 친구 흰쥐가
두드리는 소리.

"누구세요?"

"나야!"

"어서 와!"

딱딱!
무슨 소리지?
아하, 내 친구 딱따구리가
두드리는 소리.

"나야!"

"누구세요?"

"축하해!"

"고마워!"

짝짝짝! 손뼉 치고 친구와 신나게 파티해요.

돋보기

"으악! 이게 뭐예요?"
"이건 돋보기로 본 개미야."

"으악! 이게 뭐예요?"
"이건 돋보기로 본
　해바라기야."

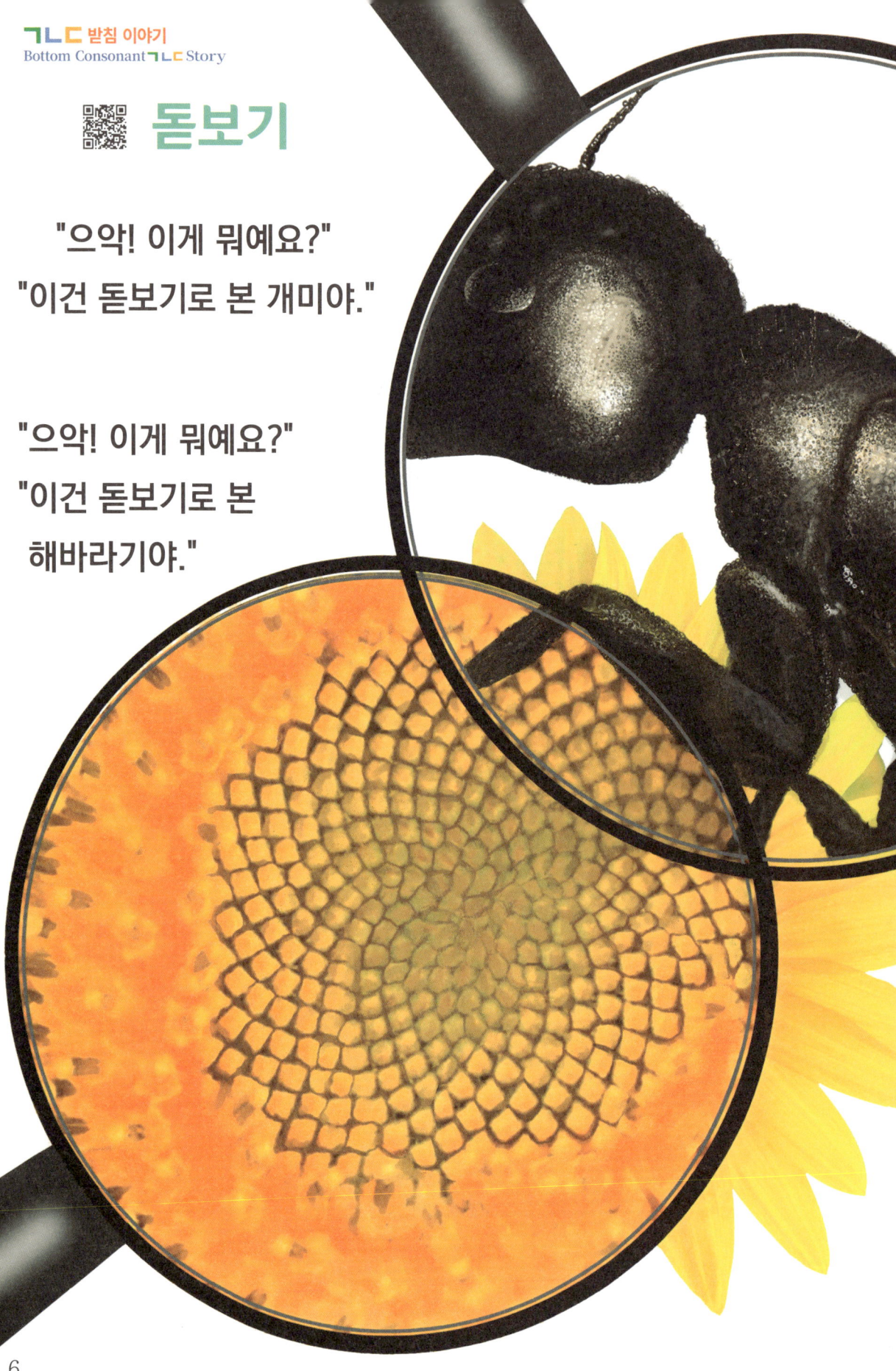

"으악! 이게 뭐예요?"
"이건 돋보기로 본 내 손이야."

돋보기로 보면 모든 게 다르게 보여요.

비 오는 날

주룩주룩
비가 와요.

학교 가는 길에
우산이 가득해요.

우산 쓰고
학교까지
걷기도 하고 뛰기도 해요.

비가 와도
친구를 만나면
반가워요.

내일 비가 안 오면
밖에서 친구들과 신나게 뛰어놀래요.

하늘 다람쥐의 사계절

봄에는 예쁜 개나리, 진달래, 목련을 보며 마음도 봄이 되어요.

여름에는 시원하게 물놀이하며 파도 소리를 듣지요.

가을에는 잘 익은 도토리를 모으며 겨울 준비를 해요.

겨울에는 설레는 마음으로 산타 할아버지 선물을 기다려요.

어디에 사나요?

북극에는 누가 사나요?
하얀 북극곰이 삽니다.
추운 북극이
북극곰의 집입니다.

남극에는 누가 사나요?

남극에서
연구를 하는
과학자들이
삽니다.

사막에는 누가 사나요?
유목민이 오아시스에서 삽니다.
천막집에서 삽니다.

믿기 어려운 추위 속에서도, 믿기 어려운 더위 속에서도
사람들이 삽니다.

여러분은 어디에 사나요?

깨끗이 깨끗이

비누로 손을 깨끗이 씻으면
감기에 안 걸려요.

이를 깨끗이 닦으면
감기에 안 걸려요.

마스크를 잘 하고 있으면
감기에 안 걸려요.

밥을 잘 먹고
깨끗이 씻고
푹 자면
감기에 안 걸려요.

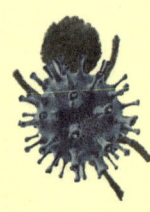

듣고 보니 깨끗이 해야겠죠?

내 동생

내 동생이 한 살 때는
아장아장 걷는 귀여운 아기.

내 동생이 두 살 때는
맨날 그거 아니라며 우는 울보.

내 동생이 세 살 때는
무엇이든 맘대로 하려는 떼쟁이.

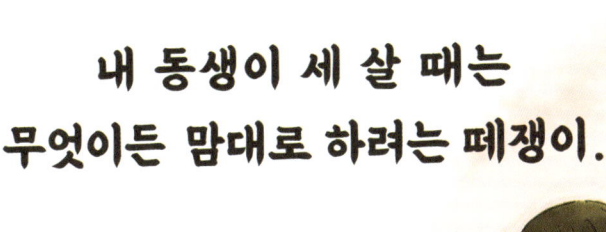

곧 다섯 살 되는
내 동생은

아무 데나 낙서하는
말썽꾸러기.

휴우, 형 노릇도 어렵네요.

낮에 자는 동물들

우리는 낮에 바쁩니다.
공부도 하고 밥도 먹지요.
그리고 밤에 잠을 잡니다.

그런데 어떤 동물들은
낮에 실컷 잠을 잡니다.

그리고 어두워지면 슬슬 깨어납니다.

밤이 되자 그 동물들은
사냥을 시작합니다.

그들은 어둠 속에서
먹이의 소리를 듣고
다가갑니다.

이런 동물들이 야행성 동물입니다.

꽃들의 인사

아침 햇살 아래 나팔꽃,
생긋생긋 인사해요.

곧게 자란
해바라기,
오늘도
햇님만
바라봐요.

달빛 받은 달맞이꽃,
달빛처럼 고와요.

벚꽃이 활짝 피었어요.
와서 꽃구경하세요.
눈부시게 예쁩니다.

허수아비

해 돋는 들녘에
허수아비가 서 있습니다.

햇빛이 쨍쨍한 한낮에도
허수아비는 그 자리에
서 있지요.

해질녘의 허수아비는
홀로 햇님을 배웅합니다.

별빛이 쏟아지는
들녘에 허수아비는
그대로 서 있습니다.

밤에는 허수아비도
누워서 푹 쉬면
안 될까요?

무궁화꽃이 피었습니다

어느 날 부엌에서 고양이 넷이
밥을 먹고 아이와 같이 놀이를 해요.
수저꽂이까지 잘 듣고 몰래 가야 해요.
"무궁화꽃이 피었습니다!"
모두 조심조심 살금살금...

"무궁화꽃이 피었습니다!"
흰 고양이는 그 자리에 얼음!
갈색 고양이도 얼음!
까만 고양이도 멈칫!
얼룩 고양이는 아웃!

데이트

미안한데 좀 늦을 거 같아 ㅠㅠ
갑자기 부엌 수도가 고장 나서
집에서 늦게 나왔어

ㅇㅋ 조심해서 와~

빨리 보고 싶다
먼저 자리 잡고 있어

응응! 꽃 그림 밑에
있는 테이블이야

곧 도착해!
바로 앞이야

낙엽들의 이야기

어느 가을날, 찬 바람이 휘익 불어왔어요.
그러자 울긋불긋한 나뭇잎들이
바람에 날리기 시작했어요.
나뭇잎들은 저마다 자기 기분을 얘기해요.

"은행잎 살려!"

"기다려! 같이 가."

"기분 좋은 바람이군."

"바람에 맞춰 빙글빙글!"

"야호! 신난다."

가을 들녘에 바람이 불면
귀 기울여 보세요.
금빛 햇빛 속에 속삭이는
낙엽들의 이야기가 들릴 거예요.

"엄마야!"

"나만 믿고 따라와."

겹받침 이야기
Double Bottom Consonants story

앉아서 무엇을 하나요?

앉아서 사이좋게
아이스크림을
먹어요.
요리 핥고,
조리 핥고
아이 맛있어.

앉아서 영화를 봐요.
영화 속에서는
일어날 수 없는 일이
없어요.

앉아서 그림을 그려요.
엄마도 닮고
아빠도 닮은
내 얼굴을 그려요.

앉아서 즐겁게 자전거를 타요. 페달을 밟으면 밟을수록 빨리 달려요.

앉아서 책을 읽어요.
차 한 잔을 마시며
평화롭게 책을 읽어요.

앉아서 우리는 많은 추억을 만들어요.

W💮W I Can Write Korean 와! 한글을 써요 1

1. 이제 이 닦고 세수해야지. 이제 이 닦고 세수해야지.
2. 친구들이 집에 왔어요. 친구들이 집에 왔어요.
3. 선생님, 이게 뭐예요? 선생님, 이게 뭐예요?
4. 학교에 우산 쓰고 가라. 학교에 우산 쓰고 가라.
5. 멋진 선물을 기다리세요. 멋진 선물을 기다리세요.
6. 사람들이 많이 살아요. 사람들이 많이 살아요.
7. 깨끗이 씻고 자야 해요. 깨끗이 씻고 자야 해요.
8. 내 동생은 여덟 살이에요. 내 동생은 여덟 살이에요.
9. 박쥐는 밝은 낮에 잔단다. 박쥐는 밝은 낮에 잔단다.
10. 벌써 꽃이 활짝 피었네. 벌써 꽃이 활짝 피었네.
11. 부엌에서 닭 요리 할까? 부엌에서 닭 요리 할까?
12. 미안, 좀 늦을 거 같아. 미안, 좀 늦을 거 같아.
13. 나도 빨리 보고 싶어. 나도 빨리 보고 싶어.
14. 떨어진 나뭇잎을 밟아요. 떨어진 나뭇잎을 밟아요.
15. 앉아서 조용히 책 읽자. 앉아서 조용히 책 읽자.

WOW I Can Write Korean 와! 한글을 써요 2

1. 난   (이)야.
2. 저는   (이)에요.
3. 내 이름은   (이)야.
4. 제 이름은   입니다.
5. 저는   사람이에요.
6.   을/를 좋아해요.
7.   은/는 싫어해요.
8.   을/를 잘해요.
9.   을/를 배우고 있어요.
10.   을/를 읽을 수 있어요.
11.   을/를 할 줄 몰라요.
12.   을/를 본 적 있어요.
13.   에 간 적 없어요.
14.   을/를 많이 닮았어요.
15.   면   도 괜찮아요.

W♥W I Can Write Korean 와! 한글을 써요 3

1		이/가		에 있		.
2		은/는		에 없		.
3		보다 더				.
4		보다 덜				.
5		가장/제일				.
6	너무	서				.
7	매일					.
8	오늘					.
9	어제					.
10	그저께					.
11	내일					.
12	모레					.
13	오늘이 며칠이에요?					.
14	지금 몇 시예요?					.
15	어디 가세요?		러		에 가	.

34

WOW Word Cards 와! 받침이 하나씩 늘어나네 카드

우리는 학교에서 공부를 합니다 한국어를 배웁니다 친구들을 만나고 밥을 먹어요 주말에는 가족과 많은 이야기를 해요 도서관에서 좋은 책을 읽어요 멋진 공연도 봐요 날씨가 좋으면 밖에 나가요 공원에서 열심히 운동을 해요 강아지와 즐겁게 산책을 해요 아름다운 음악을 들어요 친한 친구를 만나서 맛있는 걸 먹어요 예쁜 옷을 입고 신나게 춤을 춰요 한글은 쉽고 재미있어요 한국어를 많이 배워서 정말 잘하고 싶어요

I Can Read Korean

A Brilliant Korean phonics storybook series
Expand your world with Korean skills

사고력 파닉스 for smart kids
Ingenious K-edu style English Phonics

You can develop
English reading ability
thinking skills
brain power
and
creativity
with unique fun

written by **김수희**(Kim Suhie)

저서 : 가나다아저씨, 내 아이 첫 영어,
　　　내 아이의 진도:영어, IQ Up Phonics
방송 : EBS 엄마표 영어 특강
역서 : 잊으면 편해

illustrated by

정진수(Jeong Jinsoo)
친구와 파티해요
돋보기
비 오는 날
하늘 다람쥐의 사계절
어디에 사나요?
깨끗이 깨끗이
낮에 자는 동물들
꽃들의 인사
허수아비
무궁화꽃이 피었습니다
데이트

박비솔(Park Bisol)
낙엽들의 이야기
앉아서 무엇을 하나요?

이서현(Lee Seohyeon)
꼬마의 하루
내 동생

Fonts List 책에 사용된 아름다운 서체들

표지 : ONE모바일POP 나눔스퀘어 제주명조 에스코어드림6
ㄱㄴㄷㄹ자음과 ㅏㅑㅓㅕ모음 : 본고딕
헌사 : 대한체
차례 : 이순신체 제주명조 제주고딕 본고딕 본명조
이야기 제목들 : 이순신 돋움체
페이지 : 제주명조
꼬마의 하루 : Mapo배낭여행
친구와 파티해요 : KIBZ한마음고딕 KIBZ한마음명조
돋보기 : KoPupWorld 돋움체
비 오는 날 : 마루부리
하늘다람쥐의 사계절 : 빙그레 싸만코체
어디에 사나요? : 서울남산체
깨끗이 깨끗이 : Mapo한아름체
내 동생 : 배달의 민족 을지로체
낮에 자는 동물들 : 조선100년
꽃들의 인사 : 국립박물관문화재단클래식
허수아비 : J송명체
무궁화꽃이 피었습니다 : 함초롬바탕체
데이트 : 이롭게바탕체
낙엽들의 이야기 : 제주명조 HS유지체
앉아서 무엇을 하나요? : 대한체
와! 한글을 써요 : 제주고딕 청소년서체
카드 : 본고딕
광고 페이지 : 카페24써라운드 이순신체 에스코어드림
마지막 페이지 : 본고딕 본명조 함초롬바탕체 ONE모바일

No part of this publication may be reproduced, stored in a retrieval system, or transmitted, in any form or by any means, electronic, mechanical, photocopying, recording, or otherwise, without the prior written permission of the copyright owner.

copyright © 2022 Kim Suhie
All rights reserved.

이 책의 독창적인 내용에 대한 일체의 무단 전재, 표절 및 도용은 법으로 금지되어 있습니다.

'Hangeul' is also written as 'Hangul'.

Published in Korea

와! 받침이 하나씩 늘어나네   WOW I Can Read Korean book 3

발행일 2022년 3월 1일 펴낸이 김수희 펴낸곳 (주)빅데스크 표지 정진수 김수희 편집 김수희 정태륜 정진수
한글교정 이가윤 영어교정 노민정(Minnie Roh) 녹음 김수희 출판등록 제2019-000124호
이메일 mybookonthedesk@gmail.com